눈길을 밟으며

우태훈 시집

月刊文學 출판부

| 시인의 말 |

무던히도 지루하던 2007년 황금찬 시인에게서 시창작 원리를 공부하고서 그 해 12월 스승님의 추천을 받아 문단에 등단한 지 7년여의 세월이 흘렀다.

그간 써 온 시편들을 한 권의 책으로 엮으면서 처녀시집 『당신도 행복했으면 좋겠습니다』(2011), 두 번째 시집 『겨울바다』(2012), 세 번째 시집 『내 고향 인천광역시』(2013)를 월간문학출판부를 통하여 냈으며, 네 번째 시집 『눈길을 밟으며』를 상재한다. 위의 시집들은 모두 등단 이후 2008년부터 3년 동안 '시와 그리움이 있는 마을' 카페에 올린 작품들 중에서 엄선하여 책으로 출판한 것이다.

함께 작품활동 하던 시마을 작가님들께서는 이미 오래 전에 작품들을 대면한 적이 있으리라 사료되나, 일반독자 제현께서는 처음 저의 작품들을 대면하리라 믿는다. 모쪼록 등단 초기 창작활동이 왕성했던 시기의 작품들을 고루 감상해 보시고 질책과 격려 있기를 바란다.

영국에는 세익스피어가 있고, 독일에는 괴테가 있고, 이태리에는 단테가 있으며, 중국에는 이백, 두보, 소식, 백낙천, 도연명 같은 훌륭한 시인이 있으며, 인도에는 타고르, 칠레에는 파블로 네

루다 같은 시인이 있고, 한국에는 김소월, 박목월, 박두진, 조지훈, 류치환, 이육사, 정지용, 황금찬, 오세영, 박희진 등 기라성 같은 시인들이 포진되어 있어서 그 나라의 위상을 높이고 있다. 한 나라에 위대한 시인 한 명만 있어도 그 나라를 침범할 수 없다는 옛 시인의 말씀처럼 시인의 위력은 총칼보다 무섭다는 것을 알아야 한다.

인도의 시성 타고르는 우리 나라를 동방예의지국으로, "일찍이 아세아의 황금시기에 빛나던 등촉의 하나인 조선 그 등불 한번 다시 켜지는 날에 너는 동방의 밝은 빛이 되리라" 하며, 대한민국의 장래를 예언하였으며, 그 예언은 오늘날 실현되고 있음을 실감하고 있다. 경제대국이요, IT 강국으로 세계를 선도하고 있다. 더욱이 물류와 관광 유통에서도 동서를 잇는 교두보이자 종착역이 되는 것이다.

어느 선지자는 대한민국이 평화통일이 되면 세계가 평화통일 되는 것이라고 하면서 후천세계의 주인은 한민족이 될 것이라고 하였다. 대한민국 국민의 한 사람으로 이 땅에 태어난 것을 자랑스럽게 여기며 자존심을 갖고 살아가야겠다.

끝으로 이 시집을 출간하는 데 물심양면으로 도움을 주신 저의 아내에게도 심심한 위로와 감사의 인사말씀 전한다.

2014년 가을

우 태 훈

차례

고래도 때론 한숨 쉰다 3

고 배삼룡 코미디언을 애도하면서 4

무소유의 소유권을 드림 5

우리는 누군가의 도움으로 산다 6

그대는 꿈꾸고 7

씨앗은 꽃잎을 그리워한다 8

1

눈길을 밟으며

눈길을 밟으며

해병대 산이 맘껏 밟으라고 눈길을 내주었다
혼자가 아닌 둘이었으면 좋겠다는 생각이 들자
화들짝 놀란 다람쥐가 곁에 서서 걷는 것이었다
그녀의 어깨를 살포시 보듬어 주었다
눈 사이로 난 작은 길을 밟으며 종 소리를 따라서 간다
같이 오길 잘했다는 생각이 들어서 추억으로 남겠는데
했더니 다람쥐는 콧방귀 뀌면서 좋을 때만 마누라지 한다
너털웃음이 귓가를 스쳐간다 옛기 이 사람아 하는 소리가
들릴 것만 같다 자박자박 네 발걸음이 4천 번쯤 찍히자
말구유에 누우신 아기예수님이 보이셨다 누가 경배하라고
하는 사람 아무도 없는데 모두 고개 숙여 경배하는 모습이
마구간 추위를 녹이는 듯싶었다.

온화한 마음

사람은 나무 아래에 있다
나무 위에 있는 사람은
아무도 없다
때로 새들은 나무 위에
앉는다
그러나 사람은 그 누구도
나무 위에 앉지 않는다
나무는 추운 겨울에도
이불 없이 껍질 하나에
의지한 채 밤을 지새운다
서리가 내려도
나무 속까지는 침투하지
못한다
나무의 속마음은 원을
그린다
온화한 마음이 물결친다.

눈 오는 날은 별이 보이지 않는다

아가별들이 모두 눈 타고
지상으로 내려왔기 때문이다
눈이 오는 날에는 하늘이
텅 비어 있다
거리마저 한산한데 스노우체인(snow-chain) 없는
차량은 갓길 오르기가 힘들다고 한다
눈 계급장을 단 나무들의 양 어깨
위에서는 별들이 빛난다
나무들은 일 년에 몇 차례
진급하는 일도 있다.

사랑아 울지 마라

사랑아 울지 마라
네가 울면 꽃잎도 진단다
꽃잎이 지고나면 달도
이지러진단다

사랑은 개울가에 핀
진달래처럼
가냘프지만
쌍날 칼처럼 예리하고
위대하다.

갯마을의 추억

바닷가에서 파래와 굴을 따다가
김치와 버무려 밀가루를 첨가하여
부침개를 부쳐 보았다
푸르노르스름한 빛깔이
먹음직스럽기도 하였다
굼배뿌리에서 야산에 올라
바다를 보니 가슴이 시원하게
뻥 뚫리는 기분이 들었다
등산로를 따라 산 위에 오르니
갯마을이 보였는데 초가 몇 집이
어깨동무하고 바람과 맞서 있었다
성곽에 다다라 신미, 병인 양요 때
전투하다가 나라를 위해 목숨을
잃은 순교선열들에게 예의를 표하고
공경을 다하였다
과수원에서는 복숭아가
처녀의 볼딱지처럼 붉은 수줍음을
머금고 있었다
한 바구니 따다가 차디찬 샘물에 씻어서

한 입 베어먹었다
아삭한 소리와 함께 달콤 상큼한 맛이
세계 최고였다.

달맞이봉에서

나의 친구들은 산새들이다
그들은 옷을 두 벌 입지 않는다
나의 친구들은 나무들이다
그들은 추워도 군불 때지 않는다
겨울에 맞는 강바람은
특이한 맛이 있다
산새들은 아침햇살을 맞이한다
그들은 나무에 내려진 눈이
양식인 줄 알고 기뻐 환호한다
나는 그들의 소리를 듣는다
아침햇살에 들판의 눈들이
사금파리처럼 빛난다
여신은 나뭇가지 사이에서
눈을 맞으며 시를 읽고 있었다.

무대에 서려거든 큰 무대에 서라

무대에 서려거든 큰 무대에 서라
작은 무대에서 쪼잔히 말하지 말고
큰 무대에 서서 큰 소리로 많은 관중에게
말하라
아주 큰 소리는 소리가 소리도 없이
세상을 덮는다
세상을 향해서
우주를 향해서 외쳐라
아주 큰 소리로 외쳐라
지금은 초라해 보이고 보잘것 없는
소리 같으나 세월이 흐른 뒤
모두 그의 지배를 받을 것이다
외쳐라 큰 소리로
세상을 향해 외쳐라
천둥번개가 치고 폭풍우가 쏟아지는
울분을 참았노라고
이를 갈면서 참았노라고……
몹쓸놈의 사랑 때문에 참았노라고
세상을 아니 우주를 향해서
외쳐라 외쳐대라.

만나고 싶은 사람과 하고 싶은 일

만나고 싶지 않은 일들을 곧잘
만나곤 하지
일에서도 사람에게서도 그렇게
만나곤 헤어지곤 하지
살성은 더더욱 만나고 싶지 않건만
곧잘 만나는데
삼방사정에서 길성이 비춰 줌으로
간신히 피해 가고 있는 형국이지
만나 보고 싶은 당신을 못 만나는 것은
악성의 간계라오
그렇게 되어 못 만났거든 조금도
슬퍼하거나 노여워하지 마시오
우리들의 의지와 상관없는
일이오니…… 미워하지도 마시오
세월이 흐른 뒤 먼 훗날
다시 만나게 되거든 모든 일들이
명백하게 가려지리라 믿으오
잘났다고 말많은 사람도 가고
울며 원통해하는 사람도 갈 것이니

심판관으로 오시는 분 앞에서
모든 것이 가려지리라 믿으오.

21주년 결혼기념일

그냥 세월만 옮겨 왔지
당신의 웃음도 나이도
몸도 그대로 옮겨 왔지
나의 사랑도
그대를 향한 채 그대로
옮겨 오고 말았지
난 그대를 위해서
찻잔을 준비했지
그 찻잔을 별들이 지켜보고 있었지
난 까만선을 폭죽처럼 그어댔지
그 속에서 난향처럼
당신의 체취를
느끼고 있었지
또다시 21주년 후에도
변함없는 사랑이 난향처럼
간절히 피어나길 원하지.

장미꽃 부케

아내와의 결혼기념 제21주년을
축하해 주려 장미꽃 부케
스물한 송이로 만든 부케와 케익을 들고
전철을 탄다 많은 대중의 시선을 받으니
스타가 된 듯한 느낌이다
누군가 말했다 꽃을 든 남자
꽃을 든 남자의 행동은 하나하나가
예술이라고 했다
장미꽃잎은 햇살을 받으면 더없이
아름답다
장미궁전 앞뜰을 사알짝 지나면서
부케를 받아들고 기뻐할 아내의
상기된 얼굴을 떠올렸다
웃음이 얼굴 가득히 화알짝 필 것만 같다
많은 대중들의 시선을 받으며
대로변을 걷는다
무명의 국민스타가 곧 탄생될 거라는
예감이 팍팍 든다 그 나머지는 님에게
모두 맡기겠습니다.

아이티공화국 주민들을 위로하며

지진으로 큰 참상과 피해를 당해
고통 속에 사는 아이티공화국 주민들에게
심심한 위로를 보냅니다

비록 말과 글은 달라도
지역적으로 이역만리 떨어져 있어도
여러분은 우리의 한 가족입니다

한 가족이 당하는 고통을
함께 겪으며 아파하고 있습니다

UN과 세계 각국에서 구조대와 구호품을
보내어 복구에 힘쓰고 있사오니
조금만 더 참고 이겨 나가시기 바랍니다
정말정말 가슴이 아픕니다
사랑하는 아이티공화국 주민들이시여
부디 힘내시고 희망을 잃지 마시기
바랍니다.

그리운 내 님에게

다시 만날 수 있다면
별로 만든 옷을 해 입히고
금관으로 만든 왕관을
머리에 씌어 주고 싶다.

1월의 당신에게

1월의 우물가 위에
정월대보름달이 휘영청
밝게도 떴네
사랑하는 내 님도 저 달을
보고 있을까
버들강아지 탱탱하게
물오르듯이 우리 님도
고운 뺨에 물오르겠지
난 잠시 바닷가로 나가서
거닐었지 갈매기들이 노래부르며
자기들끼리 놀더군
바닷물에 가까이 내려앉았다간
다시 공중으로 날곤 하더군
쓸쓸히 먼 곳 바라보며
당신 생각하며 발걸음
옮기고 있다오.

미완성

마음에 장아찌를 담그고
살아가자
난로를 가슴에 품고
여러 사람이 모인 곳에서
따뜻한 불을 지펴 보자
언손은 녹여 주고
굽어진 마음은 펴 주고.

2

행운

행운

한낮의 햇살에 쌓인 눈이
녹아 내리기 시작한다
산새가 쌍쌍이 울면서
반기어 준다
눈밭에서 모래흙을
밟는다는 것은 행운이다
운동기구들이 기다렸다는 듯이
나를 반긴다
윗몸일으키기 운동기구에 누워
하늘을 본다
나무들은 푸른 하늘을 베개삼아
평화로운 자유를 누리고 있다
관악산은 많은 아파트들을
안고서 산다
매봉산 팔각정 지붕에도
눈은 쌓여 있다
한강은 강이 아니다
얼음옷을 입고는 하얀 외투마저
걸치고 있다

그래도 춥다고 햇살 받으며
웃고 있다.

1월의 장미궁전 길

비가 내리는 안개낀 장미궁전 길을
걷는다는 것을 생각만 해도
가슴이 설레는 일이다
그 길을 걸으면 얼마나 아름답고
멋질까 생각하다가 걷게 되었다
자동차 전조등이 개나리꽃처럼 빛나고
후미등은 철죽꽃이 연상되는 거였다
궁전으로 들어가 뜰앞의 길을 바라보니
아득하였다
산새들이 음악을 모두 쪼아 먹었다
장미궁전 길을 걸으면 시상이
떠오른다고 한다
시인이 걷는 모습을 보는 사람은
아무도 없다 그래서 참 편하다
1월의 장미궁전 길, 우산 속을 걷는다.

눈물

당신을 만난 것은 행운이었소
당당했던 당신
병원신세에 의기소침하니
안타깝소
무엇이 마음을 슬프게 하는지
무엇이 마음을 무겁게 하는지
죄 많은 나 면목없소
가슴만 메어지고 아픔은
눈물로 흐르고 있다오
희망이 있다면
목숨이라도 바치고 싶소.

장미궁전

주역팔괘 삼백팔십사효를
배울 때도 이렇지 않았나니
자미두수 그 심오한 원리에
감탄이 절로 나는구나
대소한에서 자부라 할지라도
화령 양타 공겁 사살을 만나면
온전치 못하거늘 하물며
여타 14정성이야
삼라만상의 변화무쌍함을
그 누가 알리오
명반배치가 끝나고 열두궁을 지나
그 치열한 장미궁전 격국으로
들어갔노라
세상사람 사주팔자 손에 쥐고
맘대로 휘두르시는 자미성군님을
알현코자 왔나이다
하늘에 바늘구멍 하나 내놓는
심정으로 왔나이다
굽어 살펴 주옵소서

장미꽃잎 하나에 눈물 한방울
떨어질 적마다 별이 한 개씩
생겼다고 하는데……
아 심오한 궁전의 원리 그 누가 있어
이해할 수 있으리오.

까닭 모를 서러움

까닭 모를 서러운 시간이 흐르고
내 마음을 모르는 파도는 이 밤도 철썩이는데
애타는 마음으로 소식을 기다리고 있다오
음악에 사연 적어서 보내려 하오
당신이 이 음악 듣는다면 얼마나 다행이리까
바다 위를 달리는 여객선의 엔진 소리가
오늘 밤에는 더없이 구슬프게 들린다오.

열아홉 살 섬 색시를 찾으러

열아홉 살 섬 색시를 찾으러
동해 남해 서해에 떠있는 섬들을
모두 찾아 다녔다
헌데 이상한 것은 섬들이 모두
텅 비어 있었다
열아홉 살만 되면 총각 선생님은
서울로 떠나가는 것이었다
총각 선생님이 떠나간 뒤에 섬 색시는
외로움을 견디다 못해
바닷가 바위에서 뛰어내려
자살하고 말았는데
처녀가 뛰어내린 자리에 해마다
해당화로 피어 선생님을
기다리고 있었다
나는 그 곁에 앉아서
한없는 눈물을 쏟았다.

파도여 부탁한다

앞날이 또다시 캄캄해집니다
그것은 당신의 건강이
염려스럽기 때문이지요

이제 수술 같은 건 제발 안 했으면
좋겠는데 당신 자신도
어쩔 수 없어 하는 일이고 보면
말릴 수도 없는 일

모든 병일랑 파도여 실어 가거라
내 님의 건강을 되돌려 주어라
파도여 부탁한다

오늘도 근심과 공포 속에서
내일은 찬란한 태양이 뜨려나
생각해 본다
온몸이 움츠려든다
추운 겨울 날씨와도 같은 기분을
파도는 알까
바람은 알 것인가.

나무

나무에도 눈이 있어
서로 침범하지 않고
나무에도 입이 있어
서로 대화를 하고
나무에도 뿌리가 있어
서로 의지한다
만물의 영상인 사람아
나무에게서 지혜를 배워
서로 사랑하며 살아갈지어다.

1월의 밤 장미궁전 길

큰북을 울리며 밤
장미궁전 길을 걸었지
내 님이 사알짝 내려다보곤
웃었지
내 님의 얼굴을 보는 순간
하늘이 뻥 뚫리는 느낌을 받았지
발걸음을 멈출 수 없어서
장미동산으로 올라갔지
쌀쌀한 바람 일지라도
사랑의 불길을 끌 수야 없었지
많은 눈들이 나를 쳐다보더군
측은한 마음이 들어 그들의
평화를 빌어 주었지
밤길을 헤쳐 집에 당도하니
얼굴에 커다란 장미꽃 하나가
민망하게 웃고 있더군.

저금통

좀처럼 내놓지 않는다
받기는 하지만 좀처럼
내놓지 않는다
우리 어머니 같다
한 푼 두 푼 모아 모아
저금통의 배가 두둑해진다
자식들이 용돈 필요하다고 하면
두말없이 빌려 주신다
월급날이 되면 또다시
우리는 어머니께 용돈을 드린다
다시금 모아서 잘 갖고 계시다가
며칠 지나서 손 벌리면
언제든지 빌려 주신다
은행과도 같으신 어머니
존경하옵는 어머니
세상에 어머니 같으신 분이 어디 있을까
저금통 말고는…….

폭풍 후폭풍

나뭇잎이 살랑 흔들립니다
촛불이 옆으로 누워 자는 듯
고개를 숙였다 듭니다
소나기는 황사먼지를 일으키며
날아가고 있습니다
어디선가 저 멀리서 바닷물
밀려오는 쏴아 하는 소리가
들리더니 이내 나뭇잎들이
템포 빠른 춤사위를 춥니다
하늘에서는 섬광이 번쩍번쩍 하더니
하늘이 두 쪽이라도 나듯이 갈라져
빛 속으로 사라집니다
폭풍이 폭우로 변하며 순식간에
개울물이 넘쳐납니다
개울가에서 놀던 아이들은
질겁을 하며 집으로 달리고
신발 한 짝은 강물 위에 떠서
빠르게 떠내려 갑니다
호랑이 발톱을 세우듯 맹렬했던

바람이 잠잠해지자
또다시 하늘이 잿빛으로 변하기
시작합니다
당신의 마음이 평온해 졌으면…….

평양 할머니

인천광역시 강화군 길상면 장흥리 갯마을에
평양에서 피난 온 할머니가 살고 계셨다
피난 오시기 전부터 천주교를 열심히
신봉하셨던 할머니께서는 집에서도
미사보를 쓰시고 기도생활을 하시었다
그러던 어느 날 기도하시던 중 하느님의
부르심을 받으시고 합장한 채 하늘로
오르셨다고 한다.

행복

회사에 무사히 다녀오고
아이들 집에서 잘 지내고
어머니는 손님 맞아 차대접 하시면서
환담 나누시고
아내는 일 나가서 귀가 전이지만
무사하고
이런 것이 행복이야
행복한 시간
잠자리에나 들어가야지.

용마산 아차산을 다녀와서

두 아들을 데리고 용마산 아차산을 산행하기로 했다
용마산역 1번 출구에서 약 3백 미터쯤 가다 보면 아파트
옆으로 등산로 입구 계단이 나온다 처음에는 경사면이 가파르다
백 미터쯤 오르다 보면 서울 시내가 잘 보인다 서울이 이렇게
아름다운지 예전에 미처 몰랐다 날씨가 좋아서 북한산 도봉산이
또렷이 보이는데 위용이 대단하다
많은 아파트들이 산 아래 빼곡히 들어선 모습이 신기하리만치
아름답다 서울의 모습이 이토록 아름다울 수가 없다
산으로 오를수록 진달래가 봄날의 속삭임을 들으려고
몽우리져 흐르고 있었다 그 몽우리에 반가운 뜨거운
키스를 퍼부었다 산도 취하고 싶다고 했다 나도 취하고 싶었다
차가운 바람이 뺨을 스칠 때 그렇게 시원할 수가 없었다
바람아 불어다오 내 뺨이 진달래 될 때까지.

3

고래도 때론 한숨 쉰다

고래도 때론 한숨 쉰다

고래가 수영만 하는 게 아니다
때론 아가미로 한숨을 쉬곤 한다
분수처럼 솟아오른 물줄기가
자동우산처럼 펼쳐진다
겨울보다 여름에 많이 보이는 것은
우리 눈에 더 많이 띄기 때문이다
더 큰 집에서 더 넓은 무대에서
살아가지만 때론 한숨이 나오는가 보다
하물며 인간은 말해 무엇하리요.

내가 만난 우씨들

초등학교 때 강화 하점면에서인가
명희가 전학 왔다
고등학교때 인천기공에서
상진이를 만났다
군 예하부대 대기실에서
고참들이 목적암기를 적어 주는데
족보같이 생겼더라
종민 병장을 만났는데 자기 집에는
대동족보가 있다며 나보고
무슨 파냐 하길래
모르겠는데요 했더니
돌우씨 아니냐 하는 것이다
파견대에서 제연병장을 만났는데
자기 집은 평택이라며 예안군파
족보가 있다면서 나보고
무슨 파냐 하길래
모르겠는데요 했더니
돌우씨 아니냐 하는 것이다
제대 후 식장에서 인환씨를 만났는데

나보고 무슨 파냐 하길래
모르겠는데요 했더니
돌우씨 아니냐 하는 것이다
한일약품 단양우씨화수회 용균총무를
찾아가서 확인좀 부탁 드렸더니
족보에 없다는 것이었다
망연자실하여 동생과 부친 모시고
고향 상주시로 족보를 찾아 나섰다
시청에서 조부님의 제적등본을 떼가지고
흘골 일가유사 홍기씨댁으로 갔다
족보에 없다는 것이었다
선조님 산소 주변만 맴돌다
상경하고 말았다
다음 해 다시 부친을 모시고 갔지만
장대 같은 비가 억수로 쏟아지기에
그냥 상경하고 말았다
그 다음 해 동생들을 데리고 다시
내려갔다 시청에서 증조부님의 제적등본을
떼어 보았다 고조부님의 휘를

처음으로 확인해 보더니 막내가
이름 참 멋지다 하였다 서광이 비치기
시작하였다
우아한 모습이 드러나기 시작하였다
돌우씨에서 단양우씨 문희공파로
옷을 갈아입기 시작하였다
고려사 조선왕조실록 사마방목에서
선조들을 뽑아 보니 백 명은 넘는 것 같아
마음이 뿌듯하였다.

나는 누구인가

자신이 누구인가
어떤 사람의 후손인가를 알아 보는 일은
흥미로운 일이다 인생을 살아가면서
한 번쯤은 찾아보고 확인해 보는 것도
의미있는 일이 될 것이다
우리의 선조들을 구전으로만 듣던 일들을
집접 찾아 다니며 확인해 보니
과연 그렇구나 하는 것을 새삼 느끼고
세월의 벽이 허물어지는 순간을 경험하게
된 것이다
단양우씨는 중국 4천 년 한국 천 년의
세월을 견뎌 오면서 큰 나무로 성장한 것이다
그 나무에 참의공파, 봉상정공파
대제학공파, 예안군파, 안정공파, 집의공파, 판서공파
문강공파, 정평공파, 문숙공파라는 열매가 자라고 있다
우리는 문희공의 장자 참의공의 후손으로
8세 탁, 9세 원광, 10세 첨, 11세 희로, 12세 석지
13세 치하, 14세 종검, 15세 광, 16세 예양, 17세 윤형
18세 잉동, 19세 덕파, 20세 기화, 21세 상남, 22세 수원

23세 시홍, 24세 연화, 25세 하일, 26세 육지, 27세 금손
28세 봉준 29세 창덕으로 내려왔으며
현재는 일본, 북미, 남미로 이주하여 살고 계신 분들이
참 많다 이제는 지구촌 한 가족이 된 탓일까.

구정 이틀 전

우산도 없이 눈길을 걸으니
대나무 잎이 눈을 막아 주었지
그 아래 서서
내리는 눈을 바라보았지

바위가 심심하다고 말했지
그래서 권투하고 놀았지
바위는 목이 탄다고 해서
물을 한 바가지 주었지

물에 비친 불빛은 낭만이
흐르고 있었지
앙상한 나무에 앙징맞은 너댓
나뭇잎 또한 낭만이었지

바위에 올라서니 노무현 전 대통령이
생각나서 얼른 내려왔지

검지손가락으로 눈에 한 줄 그으니

비둘기가 나타나서
하늘로 포르르 날아갔지.

2월의 기도

주님은 찬미찬송 받으옵소서
세상만물을 사랑함은 허전할 뿐입니다
주님을 사랑함이 행복이오니
주님 사랑하는 마음을 일으켜 주시옵소서

어리석은 생각으로 시행착오를 범하나이다
주님의 지혜만이 언제나 옳은 판단을 하시오니
주님 지혜로 모든 원리 이해할 수 있게 하시고
그 지혜를 저에게도 심어 주시옵소서

나이를 먹으면서 주름살이 늘어가는 것은
정한 이치이겠으나 아프지 않고 천수를 누린 후
잠든 듯이 아버지께 갈 수 있도록 건강 허락해
주시옵소서

욕심을 버리고 죄의 속박에서 벗어나
주님께서 누리신 그 자유를 저에게도
허락해 주시옵소서

교만한 마음을 버리고 겸손하게 살아가고
용서하는 마음을 가져 큰 평화를 이룩하게
하여 주시고 특히 외롭고 고독하고
삶에 지친 사람들을 위로할 수 있도록
인도하여 주시옵소서

저 자신을 버리고 죽음으로서 영생을 얻게 하소서
이 모든 말씀을 우리 주 예수 그리스도의 이름으로
비나이다 아멘.

능률

요즘 신이 났다
그것은 그 동안 두세 손가락으로
일해 오던 것을 열 손가락으로 일하니
일의 능률이 열 배로 오르는 것을 보기
때문이다
처음에는 조금 서툴기는 하다
하지만 시간이 가면서
점차로 일에 가속도가 붙으면서
능률이 배로 아니 열 배 그 이상으로
늘어나는 것을 체험했기 때문이다
일의 매너리즘에 빠진 사람들아
이 방법으로 일해 보아라
처음에는 이해가 잘 안 되겠지만
시간이 지나면서 신기하리만치
일의 능률도 오르고 의욕 또한
생길 것이다
모든 일에 적용해 보아라
반드시 잘 될 것이다
조물주께서 우리에게 열 손가락을

주신 것은 열 손가락 모두를 사용하라고
주신 것이다
모든 일에 열 손가락 모두를 사용하라
우리는 그 동안 두세 손가락만을
주로 사용해 왔다 앞으로는
열 손가락 모두를 사용해 보기 바란다
반드시 능률에 혁명이 일어날 것이다.

수요일엔 빨간 장미를

수요일엔 빨간 장미를
그대에게 드리고파
눈 오는 거리에서
그대에게 드리고파
아 밤에 피는 장미

수요일엔 빨간 장미를
그대에게 드리고파
쉿 조용히 해 보세요
너무나도 아름다운 그녀가
저기 앞에 가네요
그대 손에 장미를 안겨
드리고파
장미궁전 길에서
눈이 오라 하매 눈이 온다
그대 오라 하매 그대가 온다

수요일엔 빨간 장미를
그대에게 드리고파.

모든 것이 끝났을 때

삶이 힘들고 버거울 때
세상에 처해서 온갖 역경 감내하고
용감히 맞서 이겨 나가고자 합니다
하오나 저의 힘이 다하고 지쳐 쓰러질 때
희망의 빛이 보이지 않을 때
모든 것이 끝났을 때 당신을 찾겠습니다
행여 그때 저를 외면하지는 마세요
당신의 품에서 잠드렵니다.

2월의 장미궁전 길 무엇 하러 왔나

경인년 정월 초이틀 강바람이
아직은 쌀쌀하게 불어온다
장미궁전 길을 걷는다고 달라질 것은
없다 몸무게가 약간 줄어들 것으로
예상되지만

모처럼 걷는 길에서 눈을 들어
천장을 보니 안 보이던 별들이
반갑다고 손을 흔들고 있었다

하얀 옷을 입은 경비병들은 길가에
늘어서 있었으며 새 봄이 오기를
고대하고 있었다 새 봄이 오면
그들은 강바람과 함께 제대를
하기 때문이다

임금이 행차한다는 소문을 들은
궁전수비대 대원들은 눈을 치켜뜨고
깨어 있었다 이제 곧 시온성 하이퍼벳에

들어갈 때가 된 것일까 십자 네온 빛이
눈에 들어온다.

수요일엔 기도를

주님은 찬미찬송 받으소서

회사에서나 가정에서나 어디에서든
평화롭게 생활할 수 있도록 이끌어 주시고,
부모님과 가족 일가친척 민족에게도
자유롭게 살아갈 수 있도록 인도하소서
주님께 나아감이 참으로 옳은 길이며
잘못된 길로 들어가는 일 없도록 보살펴 주소서
언제나 옳은 판단으로 그릇된 생각을
물리쳐 주시고 주님의 판단이 옳았음을 믿고
진리를 따라 살게 하소서
진리를 탐구하는 데 헌신하게 하소서
세상사람 모두를 주님께로 인도하게 하시며
그들이 주님 안에서 참된 생명을 얻을 수
있도록 인도하여 주시옵소서
군인들과 북한 주민들에게 은혜와 은총 베푸소서
주님을 증거하는 삶을 살게 하시고
주님영광을 드러내게 하여 주시옵소서

이 모든 말씀을
우리 주 예수 그리스도의 이름으로 비나이다
아멘.

벤쿠버에 장미꽃을 심다

아득한 날에 벤쿠버에
세 종류의 장미를 심었노라
그 꽃이 이제는 4년에
한 번 정도는 피었노라

노란 장미
하얀 장미
빨간 장미로 피어 선수들
목에 걸어 주었노라

대한민국 선수들에게도
걸어 주었는데
이정수, 모태범, 이상화
이승훈, 김연아에게는
노란 장미를 걸어 주었노라

이호석, 모태범, 이은별
이승훈에게는
하얀 장미를 걸어 주었노라

박승희에게는
빨간 장미를 걸어 주었노라

장미는 명예와 행운의 빛을
영원토록 밝힐 것이다
태극기는 세계의 하늘을 열 번 정도
덮었는데 앞으로 두서너 번 정도는
더 덮어 줄 것이라고 한다.

장미궁전에서 놀아 보자

장미의 목욕탕은 하늘이다
하늘이 목욕을 시켜 주는 것이다
새들이 노래하면
벌 나비들은 춤추며 날아
다닌다
장미궁전에도 어김없는 봄비는
내린다
봄비가 오면 그리운 내 님도
온다고 했다
내 님 마음에도 봄비가
소록소록 내려줬으면 한다
궁전 안 뜰에서는 이제 곧
개나리 축제도 열릴 것이다
북 치고 장구 치고 꽹과리 치고
한마당 잔치가 열릴 것이다
수줍은 미소를 머금고
금시라도 나타날 당신을 위해서
난 카메라를 들고 있겠소
장미궁전에서 놀아 보자

올 봄에는
오라 그대여 장미궁전으로.

잃어버린 장미궁전 길을 따라서

불현듯 장미궁전 길을 걷고 싶어졌다
양 손에 선물을 들고 걷기 시작했다
산새들이 어서 오세요 반기면서
인사를 한다
나도 인사를 한다 잘들 지냈는가
장미궁전 길을 걷는다는 것은
행복한 일이다
궁전은 건설현장의 신호수만큼이나
한가하다
하늘에는 제트기가 하얀 줄을 그으면서
동으로 날아간다
낙엽 하나가 처랑하리만치 뒹굴면서
등 뒤쪽으로 날아간다
봄바람인가 알 수 없는 바람이 불어
제친다
개구쟁이 소년을 혼내 주듯이 개나리
줄기에서는 샘물이 솟구친다.

4

고 배삼룡 코미디언을 애도하면서

고 배삼룡 코미디언을 애도하면서

대한민국에 흑백TV가 처음 들어오면서
안방극장 MBC 〈웃으면 복이 와요〉 프로에서
바보 연기로 비실이 연기로 많은 감동과 기쁨과
웃음을 주시었던 분이셨는데 세월의 성상 앞에
정들었던 무대와 동료들을 남겨 두시고
어딘가로 떠나시었다

한 줌 유골로 돌아오신 아버지의 유골함을 들고
침통해하시는 코미디언 황제의 아드님에게도
심심한 위로의 말씀을 삼가 드립니다

저도 9년 전에 아버지를 여의었지만
인간사 모두가 그와 같으니 대자연의 이치에
순응할밖에요

힘과 용기를 드립니다
선친께서 남겨 주신 훌륭한 유업을 기억하시고
세상사에 맞서 당당히 살아가시기를
두 손 모아 빌어 봅니다

다시 한 번 삼가 고인의 명복을 빌면서
하늘나라에서 편히 쉬시옵기를
기원합니다.

피겨여왕 김연아를 축하하면서

쇼트, 프리에서 모두 세계 최고 기록을
경신하면서 피겨 역사를 새로 쓰시고
여왕으로 등극하시었네

2010벤쿠버 동계올림픽에서 금메달을
따면서 온 세상은 열광의 도가니가 되었고
기쁨의 눈물은 대서양 태평양으로 흘러서
넘치고 넘치었다
크나큰 태평양의 파도는 눈물을 좋아하는가 보다
아침 일찍 일어나서 SBS TV 앞에 앉자 아내는
웬일이냐고 했다
어 오늘 김연아 선수 경기 보려고
시계 맞춰 놓고 잤지
아내는 내 얼굴 한 번 쳐다보고 TV 한 번 쳐다보고
일터로 출근하였다
쇼트 경기를 보고 한 숨 자고 나니
미시가 되어 눈을 떴는데 김연아 선수의
프리경기가 막 시작하려고 했다
누가 잠을 깨워 준 것도 아닌데

그때부터는 알 수 없는 기쁨과 희열이
느껴지기 시작하는 것이다
전 세계인들이 숨을 죽이는 동안
여왕은 탄생하는가 보다.

왕십리역 지하차도

무학여고에서 성동구청을 가려면
왕십리역 지하차도를 통과해야 하는데
지하차도가 신기하게도 생겼다

활처럼 휜 데다가 바나나 모양의
경사면으로 되어 있어서 차들이
내려가다가 회전하면서 올라가기
때문에 마술에 홀린 듯하다

활시위에는 매일같이 많은 차들이
다니는데 특히 110번, 141번, 145번
148번, 421번 버스가 시민들을 실어
나르고 있어서 고맙기도 하다

오늘도 바나나킥을 통과하려니
벌써부터 신이 난다 하하하.

봄나비

길에서 봄바람이 불어오니
두 볼이 화끈거린다
바람을 타고 봄나비 한 마리가
왼쪽 눈 속으로 쏘옥 들어왔다
내보내려 해도 나비는 좀처럼
말을 듣지 않는다
옆좌석의 여류작가로 보이는
사람에게 내 눈 속에 있는
봄나비가 보이시나요 하고
물어 보고 싶은 말을 꾸욱 꾹
참고 끝내 말하지 않았다
그 분 눈에서도 봄나비가
금방이라도 날아오를 것만
같았기 때문이다.

어느 파일럿의 편지

정들었던 한국의 산하여
그토록 아름답고 황홀한 모습을
지울 수가 없구나

사랑스런 아내와 가족들을
남겨두고 떠나가려니 발길이
떨어지질 않는구나

호시탐탐 적화야욕을 부리는
북한군을 남겨두고 머나먼 곳으로
가려니 눈물이 앞을 가리는구나

전우들이여 나의 못다 한 꿈
지켜가다오
하늘의 장미궁전에서
오라 그대들이여 지상에서
수고하였네라 하는 음성이 들려왔다

이제 이곳에서 영원토록
편히 쉬도록 하라 하였네라.

나무와 열매

장미나무에 다섯 가지가 있었으니
첫째 장미는 참을 인(忍) 자를 가지고 나왔으며
둘째 장미는 옳을 의(義) 자를 가지고 나왔으며
셋째 장미는 예절 예(禮) 자를 가지고 나왔으며
넷째 장미는 지혜 지(智) 자를 가지고 나왔으며
다섯째 장미는 믿을 신(信) 자를 가지고 나왔는데
오상은 고절하다고 한다
또다른 장미나무에서는 군사부(君師父) 일체라는
가지가 자라고 있었다
일찍이 퇴계 선생께서는 장미나무가 잘 자라게 하는
데는 공경할 경(敬)이라는 비료를 주었다고 한다
사람은 세상에 태어나서 부모형제자매
스승, 임금을 차례대로 만나며 인생의 끝에 가서는
반드시 장미성군을 만나야 하고 그 열매를
먹어야 산다고 말들을 합니다.

시를 쓰려는 사람은

시를 쓰려는 사람은
오래 참을 줄 알며 성내지 않습니다
남을 시기하거나 비방하지 않으며
사랑할 줄 압니다
또한 진실을 부정하려 하지 않습니다

그들은 대개 이해하며 위로하고,
사랑하는 사람들입니다
그래서 그들을 시인이라고 부릅니다

시인은 남의 것을 모방하거나 답습하지 않으며,
과대망상에 사로잡히지도 않으며,
잘 쓰려고 꾸미지도 않습니다
그들은 항상 새로움을 창조하려 합니다

시인의 글은 자연스러움에서 샘물같이
흘러나와서 목타는 사람에게 목을
시원하게 적셔 줍니다

시인은 겸손하며 자신을 높이려 들지 않습니다
현자는 말합니다 화초에 물 준다고
오줌을 싸 버리면 화초는 죽습니다.

내 사랑 받아 주오

장미 한 송이 꺾어다가
그대 앞에 무릎 꿇고
로미오처럼 바치나이다

화공들이여 장미를 그리시오
아름다운 장미를……
그대가 좋아하는 것이라면
무엇이든 꺾어다 드리리다

장미를 꺾어다 드리면
장미가 아야 할지도
모르겠습니다

하오나 그대여
장미란 본시 그대를 위해서
존재하는 것이니 만큼
그대가 좋아하는 일이라면
무슨 일인들 못하리까.

백제 무녕왕을 찾아서

지난 밤에는 무녕왕을 찾아가
안부 여쭈었습니다
장미시인 왔는가 하시길래
전하 저 같은 서생을 어찌 알아보시나요
했더니 전하께서 요사이 땅이 흔들리고
해일이 심해서 잠을 이룰 수가 없었네
하시었다.

목숨 바친 사랑

당신이 쓸쓸해 보일 때
난 당신을 위해서
장미밭으로 달려가오

그것은 당신이 제일 좋아하는
장미를 꺾어 오기 위해
서라오

하지만 예쁜 꽃에는 가시가 있어서
잘못 꺾다가 찔리면
사망할 수도 있다오

그러나 난 당신을 위해서
목숨 바친 사랑을 하는 몸
가시에 찔려 죽는 일이 있더라도
반드시 그 일을 해내겠소

난 모르오 사랑따윈
당신이 좋아하는 일만을

하려고 하는 것뿐이오

내 마음은 오직 당신의 것.

옥룡자 석지형 스님을 생각하면서

들어올리니 미륵의 붓이요
펼쳐보이니
약사여래의 빛나는 손이로다
우주돌갓을 머리에 이고
비로정상에 거룩히 앉아 동방 태양의 붓으로
미륵의 세계를 펼쳐 그리니
솟아오르는 봄풀이 여래요 미륵이요 약사요
관음이요
그대요 나로다
눈을 떠도 감아도 그대로 정토요 손을 펴도 거두어도
그 자리에 우주 우담바라가 만발하도다

이 시대가 낳은 위대하신 분이시여
그 이름 찬란하다
옥룡자 석지형 스님
님의 작품 한 점 한 점 볼 때마다
전율이 느껴지도다
천도복숭아, 십장생, 말
독수리……

왕희지의 고본을 연구하시고
안진경 구양순의 서법을 단련하시었으며
한대의 예서체
중국 역대 황제 필법
청대의 등석여 당대 최고의 대가이신 제백석의 필법이
결합하여 우주가 새롭게 움터 옴을 봅니다

이 땅에 불국정토를 염원하신 님의 뜻
가슴에 담고 그 소원
이루어질 날 기다리나이다
님이시여 히말라야 14좌에 연꽃이
가득 피어오름을 봅니다.

매화는 벌써 피었는데

매화축제를 앞두고 눈이 내린다
매화는 벌써 피었는데 눈이
허겁지겁 달려왔다
눈은 미안해서 눈을 들지 못했다
매화는 괜찮다며 신께서
봄추리를 보고 싶어서 그럴 거
라고 하였다
그 말에 감동먹은 눈은 어느 새
눈물이 두 줄기 폭포처럼
내리기 시작하였다
그 모습이 너무 우스워 해님이
웃고 계시었다.

화이트데이에

사탕을 한 봉지 샀다
부질없는 일인 줄 알지만
아내가 기뻐하리라
생각하고 산 것이다
요즘 가끔 아프다는 아내
러닝머신에 매달려 보지만
미안하고 억장이 무너지는듯
옆집 아줌마에게 사알짝
아내가 사오라고 해서
사가지요 했더니 마음에서
우러나야 제맛이지 한다.

살신성인

천사는 악마의 유혹에 빠져서
천국 문을 열고 지옥으로 나왔다
악마는 천사를 하루도 그냥
놔 주지를 않는다

천사는 식구가 많아서
지옥을 탈출하기란 사실상
불가능했다 그래서 참는 데까지
참아 보자 하는 생각으로
매일매일 버티었다

수십 년의 세월이 흘렀다
그는 너무 많은 피를 흘렸다
그래서 화령, 양타, 겁살을
꿈꾸기도 하였다 그러나
모두 허사였다

오늘만 참아야지
이번만 참아야지 하는 일이

수십 년 세월이 거듭되는 동안
살신성인(殺身成仁)이 되었다고 한다.

5

무소유의 소유권을 드림

무소유의 소유권을 드림

자신을 찾고자 하는 사람은
법정 스님을 찾아 보아라
무소유의 소유권을 드리리다
무소유는 성직자만이 하는 거야
그렇게 치부해서는 안된다
모두가 그렇게 해야 되느니
그의 저서를 찾아 보니 스무 권
정도는 됨직하다
무소유, 산방한담, 버리고 떠나기
아름다운 마무리, 산에는 꽃이 피네
홀로 사는 즐거움, 맑고 향기롭게
살아 있는 것은 다 행복하라
일기일회 등 너무 많은 저서에 놀랐다
출가 50년 기념 잠언집
살아 있는 것은 다 행복하라와
대표산문집 맑고 향기롭게는 본
저자도 소유하고 읽고 있었으나
그토록 덕망 높으신 분이신 줄은
미처 몰랐었다

시간과 공간을 버려야겠다
일체의 장례의식을 거행하지 말라는
주옥 같으신 말씀은 그의 일생을
보는 듯하다
언제 어디서든 부처님이 오셔야 한다며
그 자리가 바로 정토요 극락세계라는
님은 분명 극락에서 부처님으로
우리에게 다가오실 것이다
님이시여 제가 드리는 연꽃을 받으소서.

시인

바닷가 주변 경치 좋은 곳
아파트로 이사를 하고
주변에 근사한 호텔을 지어
손님들을 대거 초대하여
관광을 시켜 주고 연회를 베풀면서
바닷가 해변을 거닐어 보게도 한다
시인들은 인정이 있어서 좋다
목타는 사람들을 지나치지 않고
물을 나눠 마실 줄 안다
시인의 아름다운 미소는 보약이다
함께 지내는 시간이 길지 않다
바닷가를 거닐면 만조된 파도가
속삭여 준다
바위틈으로 난 소나무 가지 위에
새집이 있다고 바위 위에 신발을
벗고 손을 뻗어 본다
손이 잘 닿지 않는다.

나의 시

친구의 집 기둥에
나의 시가 걸려 있었다

산에는 길이 있었다
그 길로 산봉에 오르니
아 아 님이시여
가슴 속으로 눈물이 흐르고
나는 절규한다.

장미꽃 사다가

오늘도 장미
내일도 장미
장미는 매일같이 피어납니다
당신에게 장미 스물여덟 송이를
선사한 날은 1989년 1월 14일 오후 한 시
옥수동 성당에서였지요
그때 난 당신에게 더 좋은 선물을
해 줄 수 없어서 미안한 마음뿐,
그까짓 장미꽃 받고 좋아하는 당신에게
정말 내가 해 줄 수 있는 것이라곤
그까짓 장미꽃 사다가 용감히 드리는
일 뿐,
눈물이 글썽이는 당신을 보면서
난 미안해서 어쩔 줄 몰랐을 뿐…….

궁전의 거리

이웃에게 피해를 주지 말자
연기는 해로울 뿐 아니라
질병을 일으킨다
눈에 들어가면 눈병
폐에 들어가면 폐병을 일으킨다
연기는 암이다
암을 마셔야 되겠는가
궁전의 거리에는
금연구역이 없다
담배를 피우는 사람이
없기 때문이다.

시조공을 생각해 보다

부(符) 자가 빠진 듯하다
여초에도 장미는
피었을 것이다
그가 배구선수였다면
시간차공격을……
적성에서 사신 까닭은
장미가 붉게 솟아 오르기
때문일 거다
그가 콜럼버스보다 먼저
신대륙을 발견했다면
지금쯤 나는 영시를
쓰고 있을 거다.

연기가 인체에 미치는 영향

어른연기가 폐부 깊숙히 들어와
갈 곳 몰라 하다가 코로 입으로
아장아장 걸어 나간다
미처 나가지 못한 어린 연기들은
상처난 부위를 만나면 반갑게도
그곳에 뿌리를 내리고
철쭉꽃을 피워 낸다
간접흡연으로 치명상을 입기도 하는데
길거리나 다중이 모인 장소에서
철쭉꽃 피우는 불장난은
사라지는 게 좋겠다
어른연기가 폐부 깊숙히 들어오면
어린 산소는 설 곳이 없고
철쭉꽃만이 저만치 암처럼
피어난다.

청백동의 장미궁전

요즘 청백동의 장미궁전이
장안의 화제라고 하던데
나도 그곳에 나들이나 한 번
다녀와야 하겠네

장미궁전이 새롭게
리모델링한다고 하던데
언제쯤 오픈하는지
자네는 알고 있는가

글쎄 잘 모르겠는데요
한쪽에서는 벽돌을 나르고
다른 한쪽에서는 시멘트
철근을 나르고들 있다고 들었네

두어 달 정도 지나면
완공되지 않겠나 싶네
세상사람 모두를 초대하고 싶네만
몇 사람이나 다녀갈는지.

나무의 일생

젊어서는 꽤나 씩씩한 젊은이였지
중년에는 품위 있게도 살아왔지
노년에는 원숙함으로 살고 있지

뭐니뭐니해도 하이라이트는
칠성판 관 뚜껑이라는 거야
사람들이 죽으면 뉘여 주고 덮어 주고
상여 관 뚜껑으로 날라다
주기도 하지

나무 존경하는 나무여
당신은 배신할 줄 모르오
최후를 맞은 인류와 화장터에서
불 속으로 들어가는 일 또한
당신밖에 없구료.

그대 이름은 바람이었나

당신이 문 밖에 찾아온 것을
나의 실수로 이름을 잘못 부르고
말아 만나지 못한 채 떠나가고
말았구료

뒤늦게 당신을 찾으러
난 문 밖으로 나가
한없이 달려갔다오

그러다가 바닷가에 다다라
물에 빠지고 말았다오
이상하게도 바닷물이 너무
뜨거워 바위 위에 올라가
앉았더니 인어가 나타나
하모니카를 불어 주는 것이오
그대 이름은 바람이었나
사랑이었나.

그리움도 내려놓고

영원히 당신 곁을
떠나고 싶지 않습니다
비록 떠난다 할지라도
지금 이 순간만큼은
떠나고 싶지 않습니다
고통도 내려놓고
그리움도 내려놓고
당신의 품에서
쉬고 싶습니다
긴 시간이 아니라도 좋습니다
버들잎이 만개할 때까지
만이라도
쉬고 싶습니다.

백화산

주행봉에서 포성봉까지
뚜벅뚜벅 걸어서 갔지
유난히 추웠던 경인년 강추위
방 안에서 추위를 견디며
외출을 삼가했지
겨우네 잠자던 심장
가슴이 두 근 반 세 근 반
쿵닥쿵닥 뛰었지

롯데호텔산악회 회원들과
등반에 나섰지
등산을 시작한 지도 10년은
됐을 거야 군생활을 산에서
했기에 산이라면 지긋지긋했었는데
나이를 먹어가니 다시금 산을
찾게 되더구먼 산은 언제나
제자리를 굳건히 지키고 있었지

변하는 건 우리들이야

영동의 알프스라고 해야 하나
주행봉에서 포성봉까지는
어찌나 바위가 많이도 반겨 주던지
혼쭐이 났지 뭔가
마치 미스코리아들의 머리에 쓰는
왕관 같은 산이었지.

가슴 아픈 서해상

당연히 떠있어야 할
초계함의 침몰로
섬들이 울고
갈매기도 울었지
왜 가라앉아야 하는지
원인도 모른 채
하루 이틀 시간이
흘러가고 말았지
기적을 바라던 4천만의 꿈은
행방이 묘연했던 거야
촛불이 타들어 가는 심정으로
함미 함수를 보는 눈에서는
낙조보다 붉은 눈물이 흐르고
마를 길이 없었지
우리를 지켜 주던 그들이었는데
구슬픈 섬 주변에는 해당화가
이건 아니야 하며
고개를 젓는다.

4월의 장미궁전 길을 걸으면서

4월의 장미궁전 길은 쓸쓸하다
가을날보다 을씨년스럽다
사유할 테면 해 보라지
달라지는 게 있는지
장미궁전 길을 지현이와
함께 걷고 있다
지현이는 팬티가 보일락 말락한
짧은 미니스커트를 입고서 걷고 있다
춥지는 않았는지 모르겠다
개나리빛 어사화가
담장 너머로 고개를 내민다.

예수님 얼굴

아내가 21년 전 한 땀 한 땀
수놓은 예수님 얼굴
예수님 얼굴이 없었다면
오늘 나의 얼굴에 회의를
느꼈을 것이다
매일 주님 얼굴 보면서
어느 샌가 닮아 가는
자신의 모습
예수님 얼굴이 없었다면
얼마나 비애를 느꼈겠는가
예수님 얼굴을 만들어 준
아내에게 고맙다.

6

우리는 누군가의 도움으로 산다

우리는 누군가의 도움으로 산다

천안함 초계함을 타고 바다를 지키는
군인들이 있어서 얼마나 든든했으랴
그러던 것이 폭발과 함께 두 동강이 나
바닷속으로 가라앉았다
다행히 오십팔 명이라는 생존자가 있는가 하면
사십육 명이라는 실종자가 생겨난 것이다
생존자도 누군가의 도움으로 목숨을
건지신 것이다
실종자를 건지러 가셨다가 운명을 달리하신
고 한주호 준위의 고귀한 희생정신을
상기해야 합니다
군인들이 우리의 생명과 재산을 지켜 주시었는데
그들이 없다면 우리의 생명과 재산은
보장받기 어렵다는 사실을 알아야 합니다
애국심에 불타는 대한의 아들이여 일어나라
하늘과 땅과 바다에서 성난 파도처럼 일어나라.

회심의 미소

백곰 털로 만든 목도리를 두르고
왼쪽 다리를 오른쪽 다리 뒤로 꼬고
대나무에 기대어 서서
산타 모양을 한 소년을 바라본다
그 모습을 본 머리를 적당히 파마한
중년의 여자가 회심의 미소를 짓고
꿈꾸듯 바라본다.

나무를 심다

소년은 형들을 따라 산에 갔다
칡을 캐러 간 것이다
힘이 좋은 형들은 잘도 캔다
소년에게 있어 칡을 캔다는 것은
힘겨운 일이다
대신 추억나무 한 그루 심고 온 것이다
그 나무는 잘 자라서 중년의 나무가 된
것이다
바다에서 올라오는 바람은
얼마나 간절한 것이냐
햇살이 낙조하면 옷깃을 여미고
걸음을 서둔다.

환상의 특급열차

서울로 올라가는 특급열차를 탔다
동대구역에서 10분간 쉬었다
열차에서 내려서 구내매점에서
초코파이 두 개를 샀다
지갑을 열어 이천 원 주고나니
달랑 천원짜리 한 장 남았다
서울역까지는 가야 집에 무사히
갈 텐데 가슴이 조마조마하다
옆좌석에 예쁜 아가씨가 앉으려나
기대해 본다
예쁜 아가씨 대신 신나게 코고는
아저씨가 탄다
드르렁 드르렁
음야 음야
특급열차에 기대했던 꿈들이
산산히 부숴지는 순간이다.

밤에 피는 벚꽃

눈 맞은 듯
눈 맞은 듯
개나리는 안테나 세우고
가로등과 졸고 있지
님은 달빛 받으며
눈길로 걸어오네.

몸살 앓는 계절

미의 신은 용감한 자의 편이다
당당한 자는 미스월드
미스유니버스에서 트로피를 받는다
드로피는 가벼웁지만
햇살처럼 빛난다
행진할 때에는 소리가 들린다
세상은 우리 것
챔피언도 우리 것이다
사랑하는 님이시여
세상은 지금
개나리 진달래 벚꽃축제로
몸살 앓는 계절이다.

우양서풍
—예서체

파도가 춤추며 지나가듯
자연스러우면서도
힘이 넘친다.

고대산

대한민국 영토 내에 있는 땅 독도를
일본 땅이라고 우겨대는 사람들이
왜 고대산은 자기네 땅이라고 우겨대지 않는지
도무지 알 길이 없다

대한민국 중심부에 위치해 있으니까
일본 땅이라고 우겨 볼 만도 한데
독도만 자기네 땅이라고 우겨대니
술취하지 않았나 모르겠다

진달래 벚꽃이 예쁘게 피어 있으니까
일본 열도라고 할 만도 한데
하지 않는 것도 도무지 모르겠다

일본 후지산에는 매년 4월이면
안달래 망태꽃이 사쿠라와 더불어
몰성사납게 피었나고 한나.

너는 누구냐

너는 누구냐
대한민국에서 태어나서
좋은 것만 보고 배우려고 태어났느냐
어둠을 밝혀 주고
치욕을 덮어 주려 태어났느냐
어찌 하여 그리움이
눈물로 흐르느냐.

하늘처럼

엄마 형 성질 다 죽었네요
예전의 형이 아니에요
아 얼마나 듣고 싶었던 말이던가
성질 다 죽었다는 그 말
화나는 일 보고도 참을 줄 아니
현명하다는 말 듣고……
성색은 일차적이요
소리도 냄새도 없다고
표현하고서야 지극하다고
하지 않던가.

4월의 기도

주님을 흠숭하며 경배하나이다
부부지간에 이해와 협조가 있게 하시고
부자지간에도 이해와 친밀함이 있게 하시고
위정자들에게는 지혜와 현명함을 내려주시고
교황님과 성직자들에게 지혜와 사랑을 내려주시어
인류의 평화와 자유, 사랑에 공헌하게 하소서
주님의 고난과 부활을 함께하는 모든 성도들에게
기쁨과 환희를 나눠 주시어 주님 영광의 대열에
함께하게 하여 주소서

지금 대한민국은 잔인한 4월을 보내고 있습니다
모든 일들을 주님께서 감싸안으시고 사랑으로
보듬어 주시기 바라나이다 이 모든 말씀을
우리 주 예수 그리스도의 이름으로 비나이다 아멘.

그날을 잊지 말자

4월 15일 다소 쌀쌀한 날씨에도
벚꽃은 흐드러지게 피었건만
20일만에 인양된 함미 선체 안에서는
싸늘한 시신만이 참상을 말해 주고 있었다
유가족들의 슬픔은 우리들의 슬픔이요
그들의 통곡 또한 우리들의 통곡 소리였다
휴가 나오면 제대하면
무엇도 하고 무엇도 하리라던
그들의 소망은 영영 사라지고,
가슴은 더욱더 아프게 조여들고 있었다
온몸은 지진처럼 후들거리고
슬픔은 화산처럼 폭발하고 있었다.

꽃길

꽃 보고 마음 흔들리지 않을 자
누구인가
봄이 밉다 내 마음 빼앗아
갔으니까.

님을 잊지 않고저

님을 처음 만난 날
가슴 속에서는
화산이 폭발하였다오

그칠 줄 모르는
용암이 흘러내리고
바다가 끓었다오.

가끔씩 그날을
개미처럼 돌이켜 본다오

님을 잊지 않고저
꽃 피고 새 우는 계절을
까맣게 잊었다오.

7

그대는 꿈꾸고

그대는 꿈꾸고

밤사이 어떤 일이 있었는지
그대는 아시는지요
그대는 꿈꾸고
나는 망향가 부르면서
전선을 지켰다오
뜬눈으로 지샌 밤
이슬처럼 영롱한 눈망울
아침햇살이 가져갔다오
물결에 어리는
당신의 모습
꿈결처럼 흘러만 갔다오.

바람 부는 뜻은

꿈 속이나 저 세상에 있는 사람은
바람이 부는지 알지 못한다
자신의 틀을 벗지 않는다면
새로운 세상은 열리지 않을 것이다
봄바람은 청춘들이 자랄 수 있게
힘을 날라다 준다
일어나라 젊은이여
강군 건설을 위하여.

존재하는 모든 것은

제자리가 있고 역할이 있다
위치에 따라 쓰임새가 달라진다
움직이는 동물은 한 곳에 머물려
하지 않는다 하지만
고정된 식물은 한 곳에서 오랫동안
움직이려 하지 않는다
그것들의 쓰임새는 각기 다르다
존재하는 것의 큰 것은 하늘 땅
바다 태양이다
그것들은 많은 것을 담는 그릇이다
그래서 큰 그릇은 오래 걸려서
만들어진다
사소한 버릇은 습관을 만들고
오래 된 습관은 큰 특징을 만든다
좋은 습관을 기르는 자에게
복 주러 갈 시간이 됐나 보다

천안함 46용사 분향소를 다녀와서

근조리본을 단 것을 보고
부끄럽게 왜 달고 다니느냐
하는 사람이 있다

나라가 온통 슬픔에 잠기고
뒤집혀 있는데 창피한 것이
문제겠는가

침묵의 천안함 46용사들께서
지금이 어느 때인가를 여실히
보여 주고 있는 것이다

다음은 우리 차례일 수도
있겠구나
생각이 여기까지 미치자
정신이 번쩍 드는 것이다

대한민국은 지금 전시중
너도 나도 정신차리자.

대한의 딸 히말라야에 우뚝 서다

쾌거로다
세계 최초 여성 산악인으로
작은 체구임에도 당차게도
히말라야 14좌를 모두
정복하였구나

장하도다 오은선 여성 산악
대장이시여 히말라야는
당신을 위하여 태어났노라
당신은 히말라야를 위하여
태어났노라

대한민국은 세계에서도
유래없는 등산강국이라
불려지리라
히말라야 14좌 완등자를
네 명이나 배출하였으니
그 이름도 장하도다

세계의 무대에서 대한민국은
히말라야 14좌와 더불어
우뚝 서게 될 것이다

오은선 산악대장이시여
축하합니다
자랑스럽게 생각합니다
무사히 하산까지 마치시고
귀국하여서는 편하게
야산이나 등산하시며 사시기
바랍니다

얼마나 힘들었으며
험난하였겠습니까
고 고미영 산악대장의 몫까지
함께하였으니 하늘에서도
기뻐할 것입니다
안나푸르나에서는 태극기가
힘차게 펄럭입니다.

5월의 소망

신록의 계절 5월에 강바람은
신록에 잔잔한 파도를 일으킨다
바람을 잔뜩 실은 청백동호
장미궁전 위를 떠다닌다
바람은 파도를 실어 나른다
바람은 당신의 입김입니다
세계 속에 한국인은 칠천만으로
지구전체 인구의 86분의 1 정도이다
서로 사랑하면서 아껴 주면서
살아가야 하지 않겠는가
우리 모두는 평화를 원합니다
청백동호는 의기소침 어뢰를 맞아도
결코 침몰하지 않습니다.

5월의 당신에게

아름다운 계절 5월에
그윽한 당신의 모습 그리며
집에 있을까
시장 보러 외출했을까
생각하면서 장미궁전 길을
걷노라
아름다운 당신의 모습은
평화의 전파를 타고
지구 끝까지 달려갑니다.

검정개미는 생각했다

소년은 나무 하러 산에 갔다
큰 나무 아래 불개미 떼가 무리지어
살고 있는데 그 주위에 오동불개미가
넉살좋게도 살고 있다
검정개미가 그 주변에 갔다가
정탐꾼으로 오인받고 오동불개미 떼에게
포위되고 말았다
포위망이 점점 좁혀들 무렵
이를 본 소년은 그 큰 군홧발로
오동불개미 떼를 모두 밟아 죽였다
포위됐던 검정개미는 유유히
자기 갈 길을 갔다
검정개미는 생각했다
하느님께서 나를 지켜주시는구나.

수상한 봄날

아지랑이 하나 걸치지 않고
찾아오는 봄날은 너무나 수상하다
겨울에서 여름으로 수직 상승한다
잔인한 달 4월을 밀어내기에도
힘겨웠을 거 같아
청보리 밀짚모자를 눌러쓰고
개울가에 앉아서 겨우내 삭혔던
설움들을 씻어 보내고
흐르는 맑은 물에 발 담궈 본다
이따금 종달새 높이 날아
고운 풍금 소리 들려 준다
내 님은 어디에 있는가
붉게 타들어 가는 꽃잎처럼
그대 향한 그리움은 더해만 가는데
아지랑이 하나 걸치지 않고
찾아오는 봄날은 너무나 수상하다.

고향에 가면 눈물이 날 것 같다

낯선 타향에서 생활한 지도
어언 삼십 년
오랜만에 찾거나 자주 찾거나
고향에 가면 고향은 언제나
반가운 맞이함을 한다
고향은 아들을 시인으로 키워 줬다
내 님도 고향을 생각하면
눈물이 날까
고향의 봄동산에는 진달래가
소리도 없이 곱게도 피어 있다
어머니 품 속같이 아늑한 꽃동산에서
우리 가족은 기념사진을 찍어뒀다
먼 훗날 자손들이 와서 보았을 때
그때도 따뜻히 맞아 줄 것을
기대해 본다
돌담을 봐도
흐르는 강물을 봐도
눈물이 날 것 같다
스쳐가는 사람만 봐도
눈물이 날 것 같다.

코끼리바위 위의 집

시인들은 코끼리 코를 만져 본다
전망 좋은 곳에서 바닷바람 쐬며
산과 들 시내를 본다
어여쁜 사람이 걸어간다
이런 노래를 불러 본다
바람결에 나뭇잎이 지더니……
모험심 많은 여행가들은
특수선을 타고 바다 깊은 곳에서
무엇인가 잡아 올린다
산길 주변 가로등은 하나 둘
켜지기 시작한다
행복의 전당에서는 가족들이
기다리고 있다
카네이션 하나를 사가지고
전당으로 향하고 있다.

어버이날

우리를 낳으시고 길러 주신 은혜
무엇으로 갚사오리
젊은 청춘 다 내어 주시고
깊은 주름살 너머로 웃으시는
어머니 송구스러움이 달처럼
떠오릅니다
그믐을 앞둔 초승달처럼
생명의 빛이 마름하실 날
머지않으셨기에 더욱 애달프고
서글퍼지나이다
그토록 오랜 세월을 자녀사랑에
한결같이 마음 쏟으시고도
의연하실 수 있으신 것은
모정의 세월을 보내셨기에
가능하셨으리라 믿고 싶습니다
세상사 모든 짐 내려놓으시고
재미있게
즐겁게 웃으시면서
남은 생 사시기 바라옵니다

오늘은 어버이날 붉은
카네이션 하나를 가슴에
달아 드리겠습니다 마음의 선물로
여기시고 받아 주세요 어머니
존경하옵고 사모합니다.

카네이션을 찾아서

야간근무를 하고 퇴근하는 발걸음은
졸려움으로 가득하다
동네에서 카네이션을 사다가
어머니와 아내에게 달아 주려고 갔건만
웬걸 이른 아침이라 가게 문들이 굳게 닫혀 있었다
택시를 타고 이웃동네인 응봉동에 갔더니
딱 한 집이 문을 열어 놓고 대나무바구니에 정성스레 담긴
붉은 카네이션바구니를 판매하고 있었다
어버이날이라 꽃바구니 가격 역시
독이 잔득 올라 있었다
거금 만이천원씩에 두 개를 사가지고
어머니와 아내에게 선물했더니 그늘진 얼굴에는
금세 햇살이 퍼지기 시작하였다
어머니께서는 이 비싼 걸 왜 사오느냐고 하시었다
나는 깊은 잠에 빠졌는데 정오에 아내가 깨우는 것이었다
비몽사몽간에 눈을 뜨고 아내를 보니
어서 외출 준비하라고 한다
씻는 둥 마는 둥 씻고 크림 적당히 펴바르고
옷 갈아입으니 외출 준비 끝

택시로 찾아간 곳은 속초횟집 아침에 선물해 준 카네이션이
몇 시간만에 약발이 받는가 싶었다
처제네 식구와 모이니 방 한 칸은 차지하고 말았다
작은아들이 붉은 카네이션을 달아 주니 가슴이 뜨거워졌다
큰아들은 자신의 각오가 담긴 편지를 보내왔다
감명깊게 읽고 또 읽었다.

충무공 이순신 장군을 생각하다

생즉필사(生則必死)
사즉필생(四則必生)
살려고 하면 반드시 죽고
죽기를 각오하고 싸우면 반드시 산다는
위대한 교훈을 남겨 주시어
거울처럼 빛나고 있다
공의 부친 이정께서는 덕수이씨 11대로써
초계변씨 부인에게서 아들 넷을 얻으셨는데
첫째아들 희신
둘째아들 요신
셋째아들 순신
넷째아들 우신으로 모두 성군의 시호로써
이름을 지으셨다 한다
공께서는 거북선을 만드시어 임진왜란에서
연전연승을 거두시었으며,
전술 또한 훌륭하시어 학익진으로 많은
왜적을 무찔렀다고 한다
목숨을 잃으신 노량해전에서는 싸움이 바야흐로 급하니,
내가 죽은 것을 알리지 말라고 당부하시며 세상을

떠나셨다고 한다
공께서는 유난히 우국충절과 효성이 지극하시었는데
시조 한산도가에 잘 나타나 있다

한산섬 달 밝은 밤에 수루에 홀로 앉아
큰 칼 옆에 차고 깊은 시름 하는 차에
어디서 일성 호가는 남의 애를 끓나니
충무공 정신으로 다시 한 번 무장해 보고 싶다
올 여름휴가에는 아산 현충사를 다녀와야
하겠다는 생각이다.

8

씨앗은 꽃잎을 그리워한다

씨앗은 꽃잎을 그리워한다

꽃잎은 여러 날들이 지나면
씨앗을 남기고
떨어지게 마련이다
씨앗은 꽃잎을 그리워하면서
오랜 시간을
기다려야 하는 것이다
떨어진 꽃잎과 씨앗은
서로가 그리워하는 것이다
함께 있음도
떨어져 있음도
먼 훗날
서로가 그리워했음을
알게 될 것이다
소년은 작년에 보았던 꽃잎이
눈에 아련히 떠오른다
그렇지만 소용없음을 깨닫고
씨앗만을 소중히 간직한 채
화초밭에 정성스레 심는다
새 봄에 다시 탐스런 꽃을 볼
희망으로 눈이 반짝인다.

망각

삭년에 피었던 꽃
꽃잎은 다 어디로 갔는지
까만 씨앗만이
또다시 싹트려 하네
소년은 작년에 보았던
그 꽃잎을 보려고
씨앗을 가지고 화단에 갔다오
씨앗은 꽃잎의 소생임을
까맣게 몰랐다
소년은 꽃잎에 취해서
한 생을 같이 가려 하였다오
그러나 이젠 아닌 것 같아
잊기로 했다오
씨앗들은 자라서
푸릇한 잎들이 자라고…….

5월의 기도

전능하신 지혜를 가지신 주님!

인류를 가엽게 보사
불의의 사고를 당하지 않도록
자비를 베풀어 주소서

철없이 날뛰는 인간일지라도
사랑의 눈으로 보아 주시고
모든 허물을 덮어 주소서

끝없이 넓고 큰 우주에서
지구에서 우리 나라에서
가정에서 나 자신으로부터
평화를 맛보게 하소서

참으로 위대하다는 것은
생사를 초월하는 일이요
그것은 자신의 모든 것을 버릴 때
가능하다는 것을 깨닫게 하소서

그리하여
제가 소유한 유형무형한 모든 재산을
주님 앞에 경건히 바치게 하소서

사랑하는 주님
다시 한 번 저를 기억하여 주시고
인류에게 자비를 베풀어 주세요
주님께서는 이 도시에 의인 다섯 명을
보아서라도 멸하시지는 않겠다고
하시지 않았습니까
꼭 그렇게 되리라 믿습니다
제가 드리는 간청이 마음에 드신다면
장마철에 천둥번개를 쳐 주세요
그리고 장마가 끝나면 쌍무지개를
뜨게 해 주세요
이제는 제가 주님을 지켜보겠습니다
이 모든 말씀을 우리 주 예수 그리스도의 이름으로
비나이다 아멘!

들꽃처럼 잎처럼

내 마음이 들꽃처럼
위안과 평화를
줄 수는 없을까

5월의 싱그런 잎처럼
희망과 활력을
줄 수는 없는 것일까.

계절의 여왕 5월은 건재하다

계절의 여왕 5월이면 장미꽃이 핍니다
벌 나비가 날아와 꽃술을 나르지요
강풍에 벌 나비는 멀리 날아갔습니다
다시 꽃술을 나르고자 산 넘고 강 건너
장미가 핀 강마을에 도착하였습니다
너무나 많이 핀 장미를 보고 작년에 본
장미를 찾고자 하였지만 찾을 길은
없었습니다
모두 똑같아 보였기 때문이지요
마침내 어느 장미에 앉아서 꽃술을 나르고
더 많은 꽃이 피게 되었지요
아카시아 향기 물씬나는 정자나무 아래에서는
장군 멍군 하는 소리가 지금도 귀에
쟁쟁합니다.

서른한 살 먹은 보름달

밤이니까 달이 뜨는 건 당연하다
달은 보는 것이지 만지는 것이 아니다
그래서 나무의 가장 높은 곳보다
더 위에서 빛나는 것인가 보다
우리의 아들 딸처럼 사랑해 주어야
하지 않을까
상현달은 그리움이다
그리움은 시간이 흐르면 채워지게 마련이다
달빛 먹은 장미는 고암 시인처럼
고혹적이다
바람개비가 바람을 따라 돌아간다.

남생이의 명심판

토끼는 거북이를 감금하였다
거북이는 분해서 토끼를 때려줬다
토끼는 거북이를 고소했다
거북이는 안 때렸다고 부인한다
포도청에서는 정황으로 봐서
때린 것이 분명하다고 한다
자라는 거북이의 아버지로
용왕의 힘을 빌리고자 했다
남생이는 거북이의 어머니로
그럴 수 없다고 했다
토끼가 하늘에서 힘을 빌려 온다면
영낙없이 패소할 것이
분명했기 때문이다.

트로이 전사 만시니

한일월드컵 3·4위전을 놓고
도박사들은 분주해졌다
한국 대 터키의 승률을 놓고
분주해진 것이다
애국심에 불타던 나는 4강을 넘어
일본으로 결승 진출까지 예상하고
4:1 정도의 승리를 예상하고 있었다
결과는 냉정한 도박사들에게
손을 들어 주었다

아 아 그날 그 함성
전세계인들의 이목을 집중시켜 놓고
태극전사들의 방어망을 단숨에 뚫고
골인을 터뜨린 트로이 전사 만시니
모두들 어안이 벙벙 할 말을 잊었노라
무릇 싸움이란 기습공격을 대비해야
하느니……
우리가 먼저 기선을 제압해야 하겠다.

내가 사는 이유

그리움을 만난 지
이립이 막 지났네
또다시 이립의 시간이
흐를지라도
우연이라도 좋을
사랑을 다시 만날 수
있기를 바라면서
남은 생에 있을지도 모를
단 한 번의 만남을 위해서
오늘을 살아간다오
영영 못 만날 수도
있겠지만…….

뜨거운 감자

어린 새싹이 자랄 때에는
콩잎과 별 차이 없습니다
그런데 콩은 공중에 열매 맺지만
감자는 땅 속에 어린새끼들을
숨겨 놓습니다
꽃조차 너무나 아름다운 보랏빛
꽃으로 황홀경에 빠뜨립니다
추수때가 되어 양 손으로 줄기를
뽑아들면 뿌리에 많은 감자가
올망졸망 달려 있지요
어떤 감자는 몽고반점을 달고
나오는 감자도 있는데요
양 손 가득히 집어들면 한두 개는
굴러서 바닥으로 떨어집니다
어머니께서는 당분을 넣고
양은솥에 감자를 넣고 찌면
뜨거운 감자가 되어 폭신한 맛이
일품입니다
어떤 때에는 옥수수와 같이

찌기도 하는데요 시인들이시여
올여름에는 옥수수 감자로
피서를 즐겨 보심은 어떠 하실까요
뜨거운 감자는 우리 손에 달려 있지요.

이 손 놔요 손

사랑과 악수한 손이
떨어지지 않는다
이 손 놔요, 손
얼마나 그리움에
목말랐으면
손이 붙어 버렸을까
나도 내 사랑과
악수한 손이
저렇듯 붙어 버렸으면
좋으련만
내 사랑 간 곳 없는데
앞서 가는 사람 옆모습이
당신과 비슷한 사람을 보고
따라가다가
발길을 멈추었다오.

6월의 장미궁전을 지나면서

휘청거리던 발걸음도 장미궁전 길에
접어들면 가지런해진다
이곳에 오면 시심도 저절로 떠오른다
그래서 시샘길이라고도 한다
그 길을 두고 어디로 가겠는가
파랭이꽃도 자주 보면 정이 드는가 보다
밤에 보는 장미보다 더 예쁜 꽃이
어디 있겠는가
아 밤에 보는 장미
움푹 패인 가슴을 다소곳이 움츠린 모습은
또 얼마나 아름다운가
천 송이 장미 중에 열 송이가 반갑다고
손을 흔든다
천 송이 장미 중에 한 송이가 나의 머리 위에
사뿐히 내려앉는다
오빠 하고 부른다
고마워 머리를 쓰다듬어 준다.

6월의 당신

앞에 두 명이 가고
난 3등으로 가다가
선두를 내가 차지했지

장미는 얼마나 많은
위안을 주는지 모르겠어

장미하늘 길을
신들린 듯 걸었지
호랑이가 본들 어쩌겠어
나의 길을 내가 가겠다는데

왕자님께서 뒤따라왔어
맛있는 밤빵 사가지고…….

귀족의 보금자리

귀족의 보금자리가 마련된 지
백오십삼년이란 세월이
눈깜짝 할 사이도 없이
흘러갔네요

오늘 그 보금자리에 마침표
하나를 찍어 두었답니다

흐르는 강물 위에서
아주 우아한 다리를 하고서

투르게니에프여
존경하고 사랑하나이다
당신의 명성
햇살처럼 온 누리 가득하소서.

우태훈 시집_ 눈길을 밟으며

초판 인쇄 | 2014년 10월 10일
초판 발행 | 2014년 10월 15일

지 은 이 | 우태훈
발 행 인 | 정종명
편집국장 | 차윤옥

펴낸곳 | 사단법인 한국문인협회 月刊文學 출판부
주소 | 서울시 양천구 목동서로 225 대한민국예술인센터 1017호
전화 | 02-744-8046~7
팩스 | 02-743-5174
이메일 | klwa95@hanmail.net
등록 | 2011년 3월 11일 제2011-000081호
ISBN 978-89-6138-279-3 03810

값 8,000원
